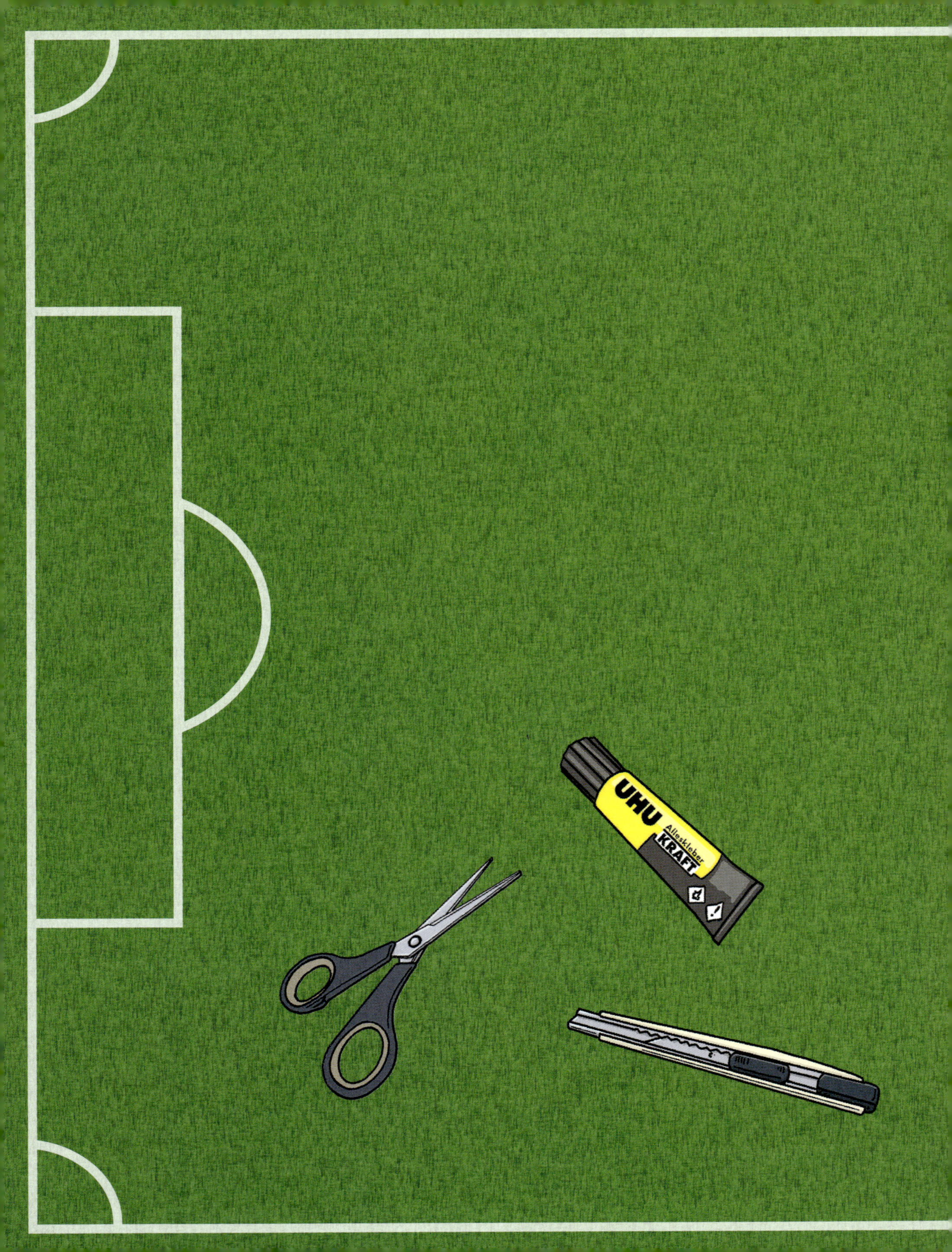
UHU
Alleskleber
KRAFT

WOLFGANG PESCHKE

FUSSBALL BASTEL FIEBER

15 PROJEKTE FÜR DAS PERFEKTE HEIMSPIEL

PLATZ
1
SIEGER

WOLFGANG PESCHKE

FUSSBALL BASTEL FIEBER

15 PROJEKTE FÜR DAS PERFEKTE HEIMSPIEL

INHALT

Vorlagen

Die Vorlagen zu diesem Buch stehen dir in deiner digitalen Bibliothek unter www.topp-kreativ.de/digibib zum Ausdrucken bereit. Den Freischalt-Code findest du im Impressum.

Die Modelle werden in 3 Schwierigkeitsgrade unterteilt:

- schnell & einfach
- braucht etwas Übung
- für Profis

VORWORT

Liebst du Fußball und bist gerne mit deinen Freuden unterwegs, um auf dem Bolzplatz zu kicken? Du magst es aber auch, zu Hause und mit deinen Eltern, Geschwistern oder Freunden zu basteln? Dann ist dieses Buch genau das Richtige für dich! Hier gibt's Bastel-Action rund um den Fußball. Ob coole Siegermedaillen, spannendes Fußball-Shuffle oder gar einen echten Tischkicker im Miniformat – mit den praktischen Download-Vorlagen kannst du im Handumdrehen tolle Projekte verwirklichen. Halte dich dabei genau an die bebilderte Beschreibung der Bastelschritte. Solltest du an der einen oder anderen Stelle Probleme haben, dann gib nicht gleich auf, sondern versuche es einfach in Ruhe noch einmal. Oder du bittest einen Erwachsenen um Hilfe. Egal wie du dich entscheidest, du wirst nach jedem Bastelprojekt sicherer und geschickter im Umgang mit Schere und Kleber.

Ich wünsche dir viel Spaß beim Basteln, Bauen und Spielen. Aber genug der Rede – es ist Zeit für den Anpfiff!

Viel Freude wünscht dir

EINLADUNG
zu meiner Geburtstagsparty,
Sonntag 15:00 Uhr am Sport-
platz. Danach gibt es bei mir
Zuhause Kakao und Kuchen.
Liebe Grüße, Franz

EINLADUNGSKARTE

1 **Übertrage mithilfe der Vorlagen die Motive auf das Tonpapier. Male nun die Motive bunt an und schneide sie entlang der Schneidelinie aus.**

DU BRAUCHST

- Tonpapier in Weiß, A4
- Schere
- Cutter mit Schneideunterlage
- UHU Alleskleber Kraft
- Bleistift
- dünner Filzstift in Schwarz
- Bunt- oder Filzstifte in Hellblau, Blau, Grün, Gelb, Orange, Rot und Hautfarbe nach Wahl
- Falzbein oder dicke Stricknadel

Download-Vorlagen

2 **Schreibe mit dem schwarzen Filzstift deinen Einladungstext in das orangefarbene Feld.**

3 **Falze alle gestrichelten Linien und knicke die Teile, wie im Bild zu sehen. Die Karte aufstellen und das Tor mit dem Torwart einkleben und gut trocknen lassen.**

4 **Wenn du die Karte nun vorsichtig schließt, legt sich der Torwart samt Tor flach zusammen, sodass die Karte eine echte Überraschung ist, wenn sie später geöffnet wird.**

FUSSBALLPARTY-SET

FAN-BRILLEN

1 **Übertrage mithilfe der Vorlagen die blauen Linien des Brillen-Motivs (Bälle) auf den grünen Fotokarton und die blauen Linien des Brillen-Motivs (Schriftzug) auf den roten Fotokarton.**

DU BRAUCHST

- Fotokarton in Rot und Grün, A4
- Tonpapier in Weiß, A4
- Bunt- oder Filzstifte in Gelb und Rot
- Schere
- Cutter mit Schneideunterlage
- UHU Alleskleber Kraft
- Bleistift
- dünner Filzstift in Schwarz

Download-Vorlagen

2 **Die schwarzen Vorlagenlinien (Bälle und Schriftzug) auf das weiße Tonpapier übertragen. Male den Schriftzug schön bunt an.**

3 **Nun die beiden Bälle auf die grüne Brille und den farbigen Schriftzug auf die rote Brille kleben.**

4 **Zuletzt knickst du die Klebelaschen der Brillenbügel und befestigst sie mit etwas Klebstoff an der passenden Brille.**

TRINKHALME

1 Übertrage mithilfe der Vorlagen die Motive auf das Tonpapier und male sie bunt an. Du kannst dir dazu die Abbildung als Vorbild nehmen oder auch andere Farben verwenden. Vielleicht die Farben deines Lieblingsfußballclubs.

DU BRAUCHST

- Tonpapier oder Kopierpapier in Weiß, A4
- Bunt- oder Filzstifte in Blau, Gelb, Rot und Grün
- Schere
- UHU Alleskleber Kraft
- Bleistift
- dünner Filzstift in Schwarz
- 4 Trinkhalme

Download-Vorlagen

2 Nun die Motive entlang der blauen Schneidelinie ausschneiden.

3 Beim runden Motiv – das mit dem Fußball – die Laschen umknicken und auf einen Trinkhalm schieben.

4 Die Fähnchen knickst du in der Mitte und klebst sie im oberen Teil des Trinkhalms fest.

FUSS

POPCORNBECHER

1 Übertrage mithilfe der Vorlagen die blauen Linien auf den blauen Fotokarton und schneide sie aus.

2 Die schwarzen Linien der Vorlage nun auf das weiße Tonpapier übertragen und die Spieler bunt anmalen. Schneide nun auch diese Teile vorsichtig aus.

3 Das Tonpapier mit dem Klebstoff passgenau auf die blauen Teile kleben.

DU BRAUCHST

- Fotokarton in Blau, 50 cm x 33 cm
- Tonpapier in Weiß, A3
- Tonpapier in Weiß, A4
- Bunt- oder Filzstifte in Grün, Gelb, Grau, Orange und Hautfarbe nach Wahl
- Schere
- Cutter mit Schneideunterlage
- Falzbein oder dicke Stricknadel
- UHU Alleskleber Kraft
- Bleistift
- dünner Filzstift in Schwarz

Download-Vorlagen

4 Nun klebst du die beiden Hälften zusammen und verschließt den Behälter mit dem sechseckigen Bodenteil.

FUSSBALLGIRLANDEN

1 Übertrage mithilfe der Vorlagen die Motive auf den Fotokarton und schneide sie aus. Auf einen Fotokarton 70 cm x 100 cm passen ca. 12 Wimpel und 10 Pokale.

2 Die Fußballwimpel am besten mit der Lochzange lochen (es geht auch ein Bürolocher).

DU BRAUCHST

- Fotokarton in Weiß, 2x ca. 70 cm x 100 cm
- Schere
- Bleistift
- dünner Filzstift in Schwarz
- Bunt- oder Filzstifte in Blau, Schwarz, Gelb, Orange und Braun
- Cutter mit Schneideunterlage
- Schnur, 2x 2,5 m lang
- Lochzange oder Bürolocher

Download-Vorlagen

3 Male alle Teile farbig an und fädle sie dann der Reihe nach auf die Schnur. Lass dir beim Aufhängen der Girlanden von einem Erwachsenen helfen.

SIEGER
SIEGER
SIEGER
SIEGER
SIEGER

LATERNE

1 Übertrage mithilfe der Vorlagen die Laterne auf den orangefarbenen Fotokarton. Anschließend ausschneiden und entlang der gestrichelten Linie falzen. Mit der Lochzange knipst du Löcher in die beiden Laschen.

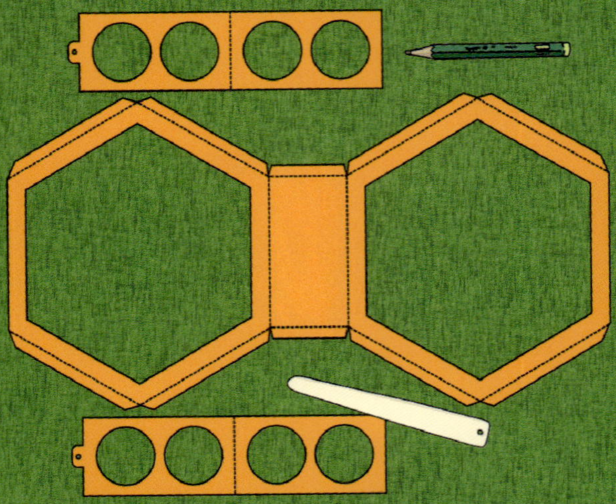

DU BRAUCHST

- Fotokarton in Orange, 60 cm x 50 cm
- Tonpapier in Schwarz, 50 cm x 40 cm
- Tonpapier in Weiß, 5 cm x 10 cm
- Transparentpapier in Lila und Grün, je 60 cm x 50 cm
- UHU Alleskleber Kraft
- Bleistift
- Cutter mit Schneideunterlage
- Schere
- Falzbein oder dicke Stricknadel
- Aufhängedraht und Holzstab zum Tragen der Laterne
- LED-Teelicht
- Lochzange

Download-Vorlagen

2 Die beiden Fußballspieler und die acht Bälle auf das schwarze Tonpapier übertragen und ausschneiden.

3 Unterlege die beiden Bälle der Fußballspieler mit dem weißen Tonpapier und klebe sie unter die schwarze Silhouette der Spieler.

4 Die offenen Felder der Laterne mit lila und grünem Transparentpapier hinterlegen und vorsichtig festkleben.

5 Drehe die Teile der Laterne um und klebe die Silhouetten der Spieler und Bälle auf, so wie im Bild zu sehen.

6 Jetzt kannst du mit Klebstoff deine Laterne zusammenbauen. Lass anschließend alles gut trocknen.

7 Hänge den Drahtbügel in der Laterne ein, klebe ein LED- Teelicht innen auf den Boden der Laterne und hänge nun deine Laterne mit dem Bügel an den Laternenstab.

KICKER MIT RÖHRCHEN

1 Übertrage mithilfe der Vorlagen das »Spielfeld« auf die Mikrowellpappe und anschließend die beiden Tore auf das Tonpapier.

DU BRAUCHST

- Mikrowellpappe, A4
- Tonpapier in Weiß, A4
- Pappmaschee-Ball, ø ca. 2 cm
- 2 Trinkhalme
- Acrylfarbe in Rot und Grün
- Pinsel
- Bleistift
- dünner Filzstift in Schwarz
- Bunt- oder Filzstifte in Grün, Gelb, Rot und Grau
- Schere
- Cutter mit Schneideunterlage
- Falzbein oder dicke Stricknadel
- UHU Alleskleber Kraft

Download-Vorlagen

2 Alle Teile entlang der blauen Schneidelinien ausschneiden. Male die Tore und das Spielfeld, wie hier in der Abbildung zu sehen, farbig an.

3 Nun alle Teile entlang der blauen, gestrichelten Linien falzen.

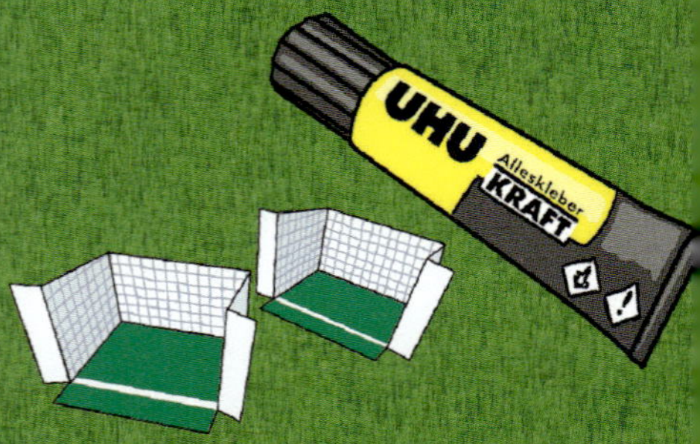

4 Im oberen Bild siehst du, wie du mit etwas Klebstoff die Tore zusammenbaust.

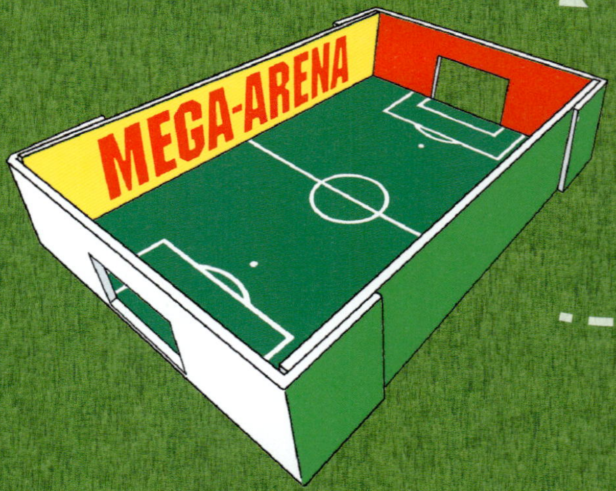

5 Nun klappst du die Banden des Spielfelds nach oben und klebst sie wie im Bild gezeigt zusammen.

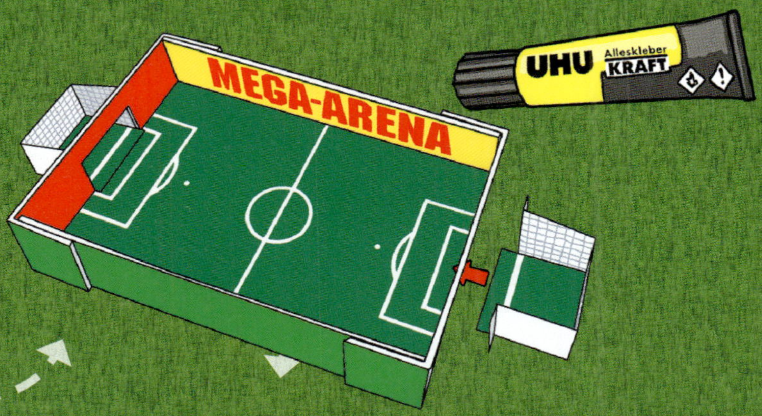

6 Jetzt kannst du die beiden Tore in die Aussparungen deines Spielfelds einkleben.

7 Wenn alles gut getrocknet ist, kann es losgehen. Jeder Spieler bekommt einen Trinkhalm und versucht damit den Ball ins gegnerische Tor zu pusten. Viel Spaß!

MINI-TORWAND

1 Übertrage mithilfe der Vorlagen die Motive auf Tonpapier und Kopierpapier und schneide sie aus.

DU BRAUCHST

- Tonpapier in Hellgrün, A4
- Tonpapier in Dunkelgrün, A4
- Kopier- oder Druckerpapier in Weiß, A4
- Pappmaschee-Ball, ø ca. 2 cm
- UHU Alleskleber Kraft
- Bleistift
- Filzstift in Weiß
- Schere
- Cutter mit Schneideunterlage
- Falzbein oder dicke Stricknadel
- Lineal

Download-Vorlagen

2 Die gestrichelten Linien mit dem Falzbein falzen.

3 Klebe das weiße Kopierpapier, wie im ersten Bild gezeigt, auf das hellgrüne Tonpapier und anschließend das dunkelgrüne Tonpapier auf das weiße Kopierpapier.

4 Mit dem weißen Filzschreiber die Linien für das Netz einzeichnen.

5 Klebe die Torwand nun wie im Bild zu sehen zusammen.

HAND-SPIELER

DU BRAUCHST

- Fotokarton in Weiß, A3
- Pappmaschee-Ball, ø ca. 2 cm
- Bunt- oder Filzstifte in Rot, Gelb, Blau, Braun, Orange und Hautfarbe nach Wahl
- Bleistift
- dünner Filzstift in Schwarz
- Schere
- Cutter mit Schneideunterlage
- 2 dünne Gummibänder (optional)

Download-Vorlagen

1 **Mit der Vorlage überträgst du die beiden Spieler auf den Fotokarton. Schneide die Spieler anschließend aus und bemale sie.**

2 **Jetzt mit Zeige- und Mittelfinger in die beiden Beinlöcher schlüpfen und loskicken. Solltest du Probleme haben den Spieler zu halten, kannst du dir mit einem Gummiband Abhilfe schaffen.**

SHUFFLE PUCK

DU BRAUCHST

- Mikrowellpappe, A3
- Fotokarton in Weiß, A4
- Bunt- oder Filzstifte in Rot, Grün, Schwarz und Grau
- Acrylfarbe in Grün und Rot
- Pinsel
- Bleistift
- dünner Filzstift in Schwarz
- Schere
- Cutter mit Schneideunterlage
- Falzbein oder dicke Stricknadel
- UHU Alleskleber Kraft

Download-Vorlagen

1 Übertrage mithilfe der Vorlagen das Spielfeld auf die Mikrowellpappe. Gehe sparsam mit dem Platz um. Ausschneiden und mit dem Falzbein an den gestrichelten Linien entlang fahren. Male nun das Spielfeld mit Acrylfarbe, Filzstiften oder Buntstiften an. Orientiere dich dabei an der Vorlage.

2 Die Bälle ebenfalls auf die Mikrowellpappe übertragen – einmal komplett und einmal nur die Außenkontur.

3 Die Bälle kannst du nun mit zartem Grau oder Hellblau bemalen. Klebe anschließend jeweils eine bemalte Ball-Scheibe auf eine unbemalte Scheibe.

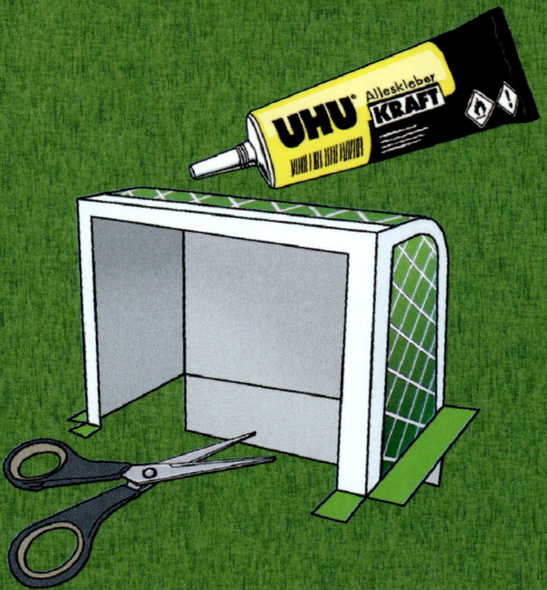

4 Das Tor überträgst du auf den Fotokarton und bemalst es wie in der Vorlage zu sehen. Danach mit etwas Klebstoff zusammenbauen.

5 **Baue das Spielfeld, wie im Bild gezeigt, mit Klebstoff zusammen. Den im Strafraum eingezeichneten Kreis ausschneiden. Zuletzt klebst du das Tor auf das Spielfeld.**

6 **Und schon kann es losgehen. Wie viele Schüsse brauchst du, um alle Ballscheiben einzulochen?**

MEDAILLEN

DU BRAUCHST

- Mikrowellpappe, A4
- Tonpapier in Weiß, A4
- Glitzerfolienreste in Gold, Silber und Bronze
- Geschenkband in Gold oder Silber, 3x 60 cm lang
- Bunt- oder Filzstifte in Blau, Gelb, Rot, Orange, Braun und Grau
- Bleistift
- dünner Filzstift in Schwarz
- Zirkel
- Schere
- Cutter mit Schneideunterlage
- UHU Alleskleber Kraft

Download-Vorlagen

1 Übertrage mithilfe der Vorlage die »Medaillen« auf das Tonpapier und schneide sie aus. Die Vorlagen der Folien überträgst du auf die Glitzerfolien und schneidest sie ebenfalls aus.

2 Male die Tonpapier-Medaillen entsprechend der Wertung an. Den 1. Platz in Gold, den 2. Platz in Silber und den 3. Platz in Bronze.

3 Klebe die Ringe der Glitzerfolien nun auf die Medaillen. Auch hier wieder: den 1. Platz in Gold, den 2. Platz in Silber und den 3. Platz in Bronze.

4 Die Glitzerhaken ebenfalls auf Tonpapier kleben und ausschneiden. Sie werden passend unter die Medaillen geklebt.

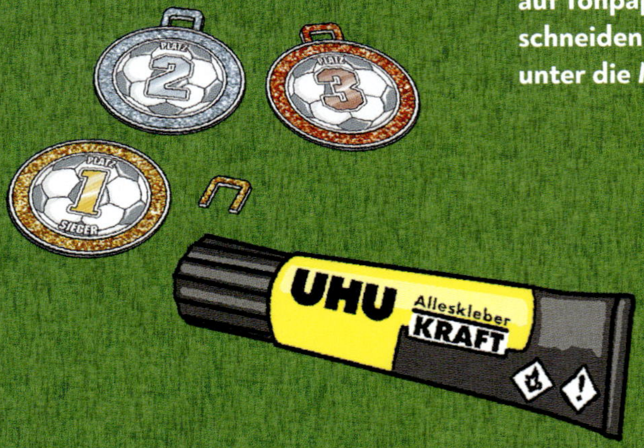

5 Nun zeichnest du mit dem Zirkel drei Kreise auf die Mikrowellpappe. Sie müssen genauso groß wie die Medaillen sein. Klebe die Mikrowellscheiben unter deine Medaillen. Jetzt befindet sich der Haken stabil zwischen Medaille und Mikrowellscheibe.

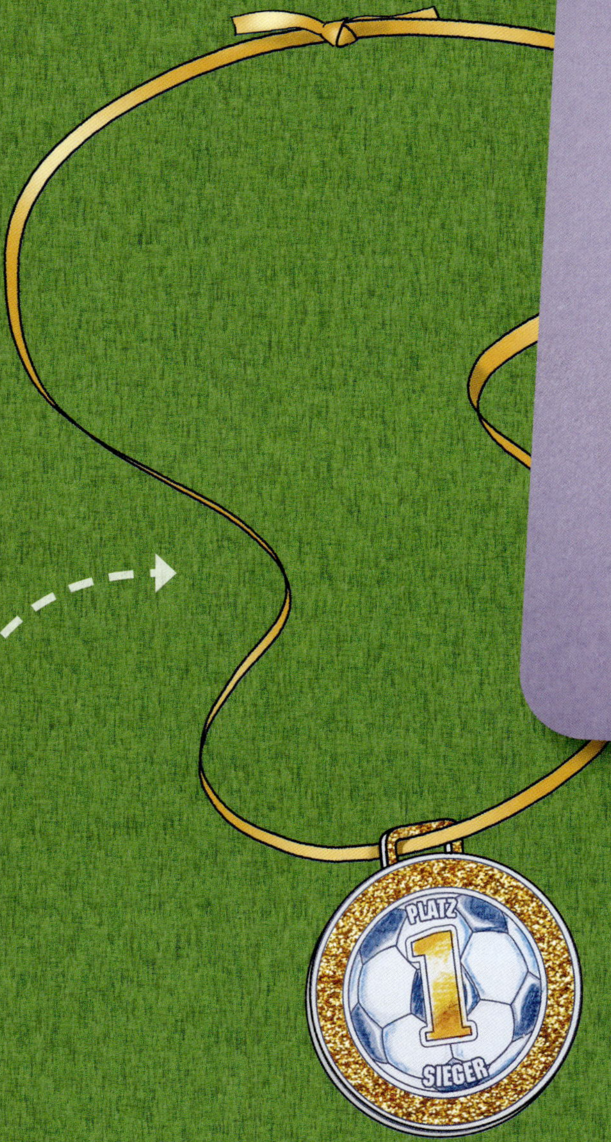

6 **Wenn alles gut getrocknet ist, kannst du das Geschenkband durch den Haken fädeln und an den Enden verknoten.**

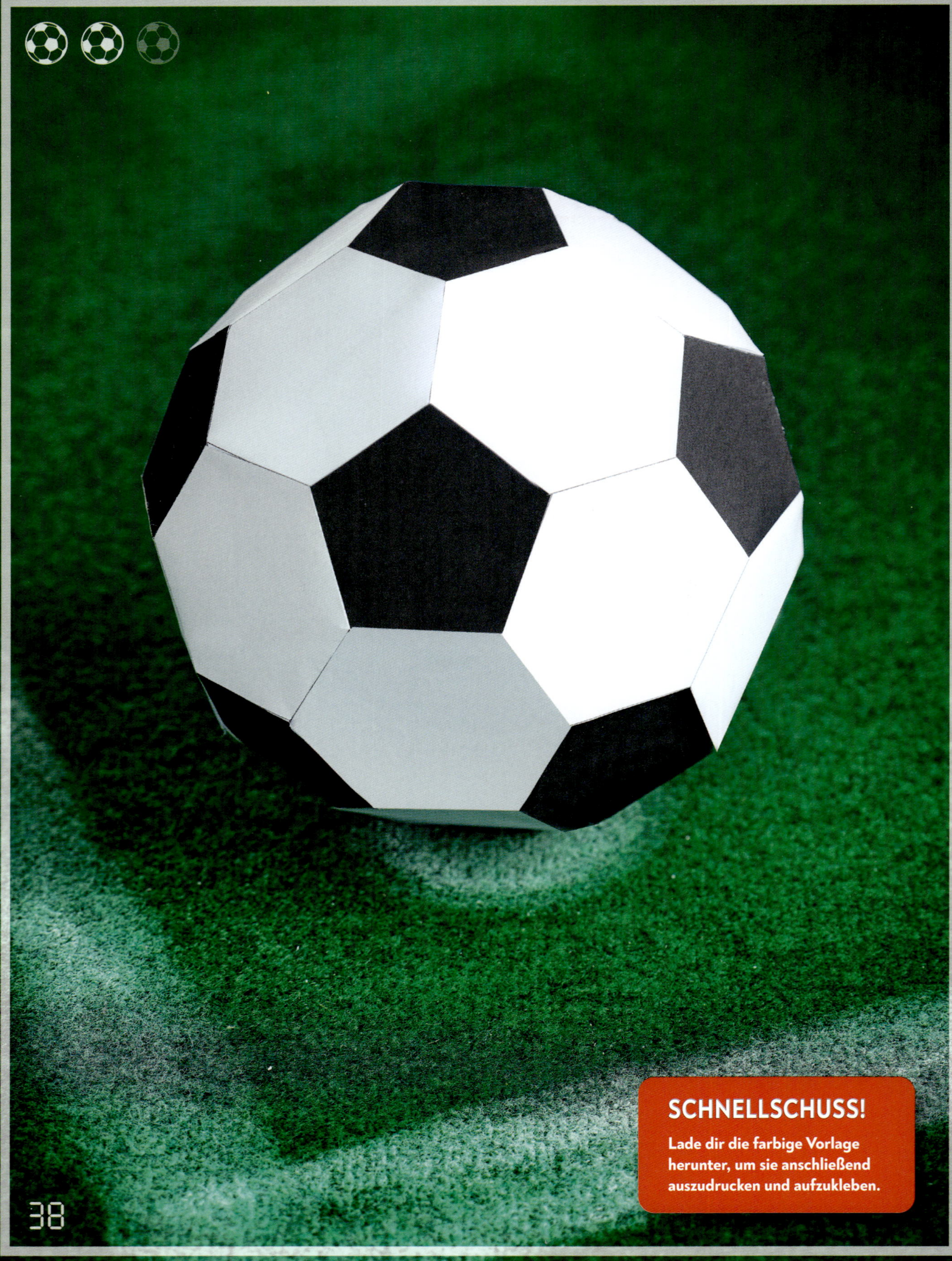

SCHNELLSCHUSS!

Lade dir die farbige Vorlage herunter, um sie anschließend auszudrucken und aufzukleben.

FUSSBALL

1 Übertrage mithilfe der Vorlagen das Motiv auf den Fotokarton.

2 Die gestrichelten Linien mit dem Falzbein nachfahren und anschließend alles sorgfältig ausschneiden.

3 Male die fünfeckigen Felder mit dem schwarzen Filzstift aus. Die sechseckigen Felder bleiben weiß.

DU BRAUCHST

- Fotokarton in Weiß, 80 cm x 90 cm
- UHU Alleskleber Kraft
- Bleistift
- Cutter mit Schneideunterlage
- Schere
- Falzbein oder dicke Stricknadel
- Lineal
- dicker Filzstift in Schwarz

Download-Vorlagen

4 Nun den Ball aus der Mitte heraus an den Klebelaschen zusammenkleben. Nimm dir Zeit und lass zwischendurch alles gut trocknen.

5 Bei den letzten Klebelaschen solltest du dir helfen lassen, um den großen Ball beim Verkleben festzuhalten.

ROTE UND GELBE KARTE

DU BRAUCHST

- Fotokarton in Weiß, A4
- Fotokarton in Gelb, A5
- Fotokarton in Rot, A5
- Bunt- oder Filzstifte in Hellrot, Hellblau und Gelb
- Bleistift
- dünner Filzstift in Schwarz
- Schere
- Cutter mit Schneideunterlage

Download-Vorlagen

1 **Mit der Vorlage überträgst du die rote und gelbe Karte auf den roten und den gelben Fotokarton. Schneide diese sogfältig aus.**

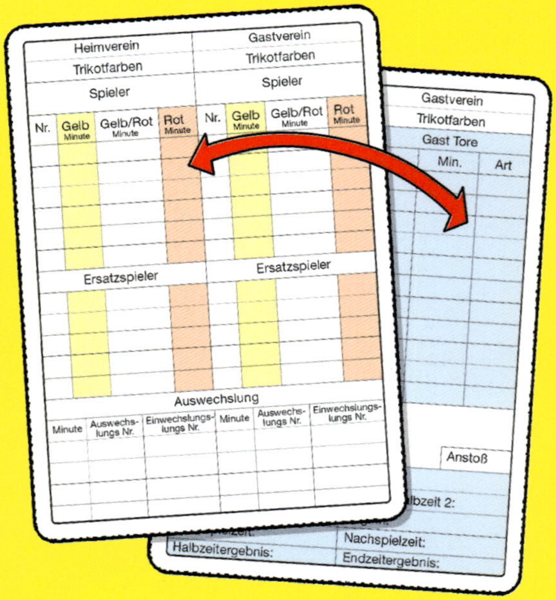

2 **Mithilfe der Vorlagen die beiden Tabellen auf den weißen Fotokarton übertragen. Je eine Tabelle auf eine Seite des Fotokartons. Schneide die Karte aus und bemale die Bereiche Hellrot, Gelb und Hellblau (wie in der Vorlage) ganz zart. Hier kannst du dir wie ein echter Profischiedsrichter Vermerke zum Spielgeschehen machen.**

Heimverein
Trikotfarben
Spieler
Nr.
Gelb
Minute
Gelb/Rot
Minute
Rot
Minute
Gastverein
Trikotfarben
Spieler
Nr.
Gelb
Minute
Gelb/Rot
Minute
Ersatzspieler
Auswechslung
Minute
Auswechs-lungs Nr.
Einwechslungs-lungs Nr.
Minute
Auswechs-lungs Nr.

TISCHKICKER

DU BRAUCHST

- Mikrowellpappe, 45 cm x 32 cm
- Tonpapier in Weiß, A4
- 6 Schaschlikstäbchen
- 12 Wäscheklammern
- 2 Musterbeutelklammern
- Netz von Zitronen, Kartoffeln oder ähnlichem
- Pappmaschee-Ball, ø ca. 2 cm
- Bleistift
- Filz-oder Buntstifte in Gelb, Rot, Blau, Grün und Hautfarbe nach Wahl
- Acrylfarbe in Grün, Gelb und Hellblau
- Pinsel
- UHU Alleskleber Kraft
- Cutter mit Schneideunterlage
- Schere
- Seitenschneider
- Falzbein oder dicke Stricknadel
- Lineal

Download-Vorlagen

1 Übertrage mithilfe der Vorlagen die Motive auf die Mikrowellpappe. Spielerfiguren und die Zahlenscheiben überträgst du auf das weiße Tonpapier.

2 Falze die gestrichelten Linien auf der Mikrowellpappe mit dem Falzbein.

3 Das Spielfeld grün anmalen. Lasse dabei aber die Linienmarkierung weiß. Die Seitenwände (innen) bis 1 cm unterhalb der oberen Kante Hellblau anmalen.

4 Male nun auch die Spieler und die Zahlenscheiben an und schneide sie vorsichtig entlang der Schnittlinie aus.

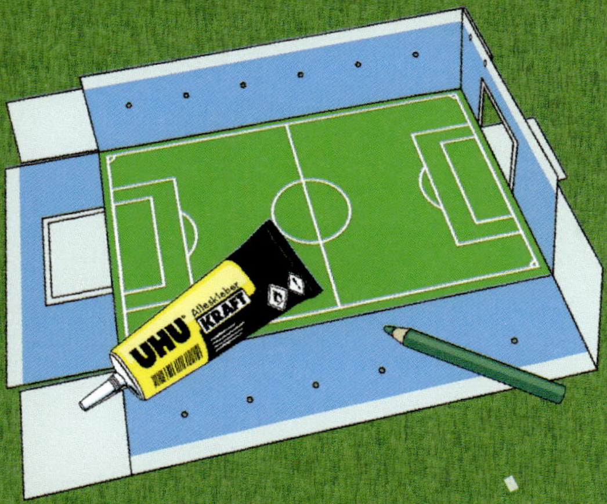

5 Nun die Seitenteile hochschlagen und an den Laschen verkleben.

6 Mit dem Seitenschneider (oder einer Kneifzange) zwickst du die Spitzen der Schaschlikstäbchen ab.

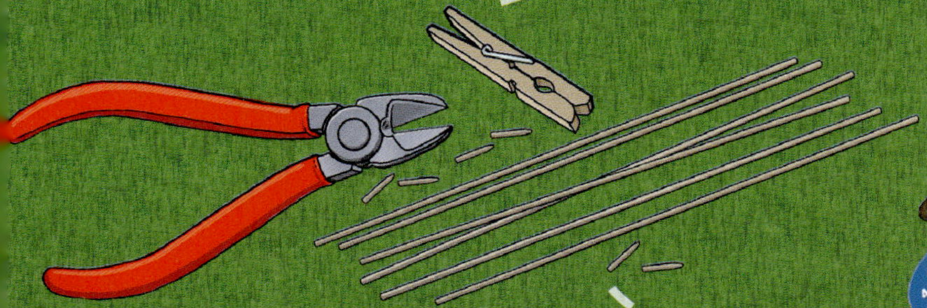

7 Die beiden farbigen Zahlenscheiben lose mit den Musterbeutelklammern, der Grundplatte und der Seitenwand (links vom Tor) verbinden. Die Scheibe mit dem gelochten Ball klebst du mit einem Tropfen Alleskleber passgenau zwischen die beiden Zahlenscheiben.

8 Nun die Seitenwände von außen mit Acrylfarbe in Grün und Gelb anmalen.

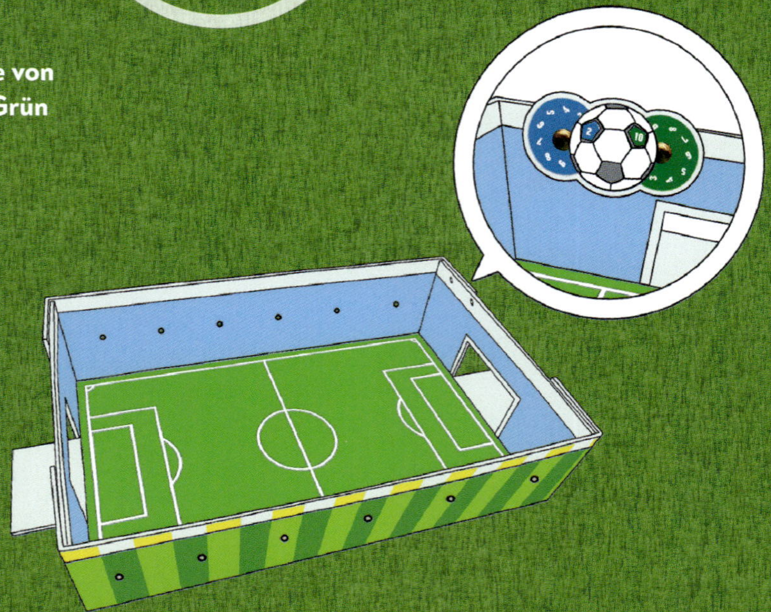

9 Stecke die Schaschlikstäbchen durch die Löcher der Seitenwände und verteile die Wäscheklammern darauf.

10 Nun die Spieler auf die Wäscheklammern kleben und mit dem Netz ein Tor basteln. Verklebe es wie gezeigt mit dem Alleskleber.

FLIPPER

DU BRAUCHST

- Mikrowellpappe, 43 cm x 45 cm
- Wäscheklammer
- Pappmaschee-Ball, ø ca. 2 cm
- Bleistift
- Filz- oder Buntstifte in Gelb, Rot, Blau, Hellgrün, Dunkelgrün, Beige, Lila und Hautfarbe nach Wahl
- UHU Alleskleber Kraft
- Cutter mit Schneideunterlage
- Schere
- Falzbein oder dicke Stricknadel
- Lineal

Download-Vorlagen

1 Mithilfe der Vorlagen die Motive auf die Mikrowellpappe übertragen. Schneide sie aus und falze sie entlang der gestrichelten Linie. Die Teile bunt anmalen. Hier kannst du dich an der Vorlage orientieren.

2 Alle Teile entlang der Schneidelinien ausschneiden. Male die Tore und das Spielfeld, wie hier in der Abbildung, an.

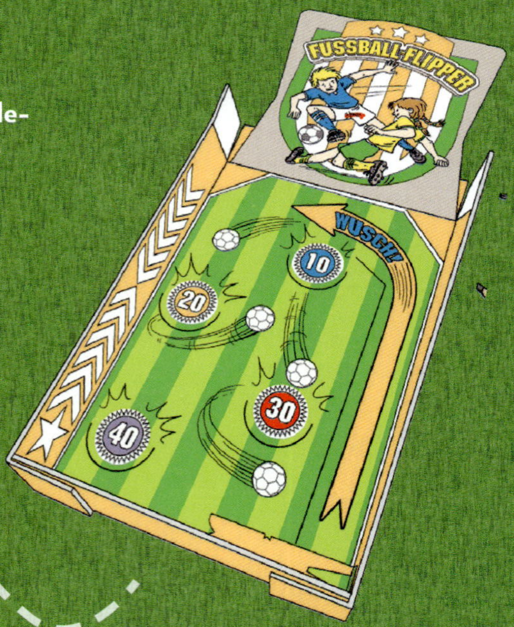

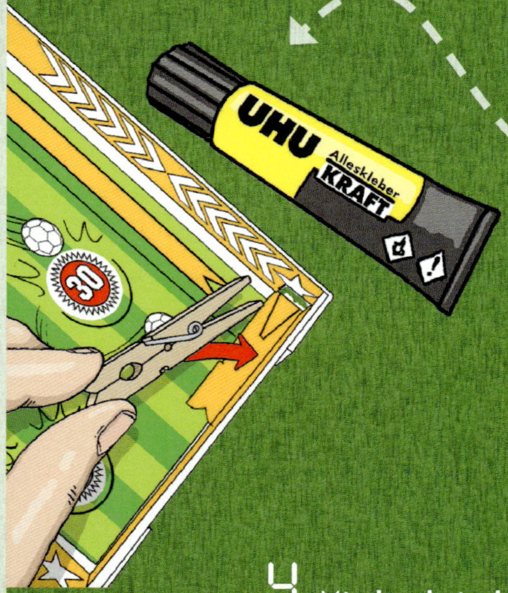

3 Die Wäscheklammer auf Position kleben, sodass der Griff aus der Box schaut. Lass es gut trocknen, bevor du weiter baust.

4 Mit den drei schmalen Teilen einen Sockel unter den Flipper bauen.

5 **Zuletzt klebst du das Innenleben des Flippers auf Position und lässt wieder alles gut trocknen.**

6 **Den Pappmaschee-Ball in die rechte Rinne legen, sodass er auf der Wäscheklammer liegt. Ziehe die Wäscheklammer nach unten, lass sie los und schon saust der Ball davon. Hoffentlich in ein Feld mit hoher Punktzahl!**

SPIELER-MOBILE

DU BRAUCHST

- Tonpapier in Weiß, 2x A3
- 4 Schaschlikstäbchen
- Schere
- Cutter mit Schneideunterlage
- Bindfaden, 8x je 25 cm lang und 1x 70 cm lang
- UHU Alleskleber Kraft
- Bleistift
- dünner Filzstift in Schwarz
- Buntstifte
- Nadel mit Nadelöhr
- Lineal

Download-Vorlagen

1 Übertrage mithilfe der Vorlagen die Motive auf das Tonpapier (einmal richtig herum und alle Motive auch einmal gespiegelt). Nun die Motive bunt anmalen, ausschneiden und mit dem Alleskleber gegeneinander verkleben.

2 Schneide dir jetzt die Bindfäden zurecht. Den langen Faden (70 cm Länge) in das Nadelöhr fädeln und Schaschlikstäbchen, Ballmotiv, Schaschlikstäbchen, Spielermotiv, Schaschlikstäbchen, Ballmotiv, Schaschlikstäbchen und Pokal in dieser Reihenfolge anbinden. Achte darauf, dass dir oben mindestens 20 cm Garn zum Aufhängen bleiben.

3 Die restlichen Motive wie im Bild gezeigt verteilen und an die Enden der Schaschlikstäbchen binden. Hänge dein Mobile auf und korrigiere die einzelnen Motive nach rechts und links bis die Schaschlikstäbchen schön waagerecht hängen. Wenn du möchtest, kannst du die Knotenpunkte mit einem Tropfen Klebstoff fixieren.

FUSSBALLSCHUHE

1 Übertrage mithilfe der Vorlagen die Motive auf das Tonpapier. Du brauchst insgesamt 2 Paar Fußballschuhe, also 8 Schuhhälften. Bemale die Fußballschuhe und die Streifen wie links im Bild gezeigt.

DU BRAUCHST

- Tonpapier in Weiß, A4
- Pappmaschee-Ball, ø ca. 2 cm
- Bunt- oder Filzstifte in Grau, Gelb und Blau
- Schere
- Cutter mit Schneideunterlage
- UHU Alleskleber Kraft
- Bleistift
- dünner Filzstift in Schwarz

Download-Vorlagen

2 Schneide nun alle angemalten Teile vorsichtig aus.

3 Die einzelnen Teile, wie im Bild gezeigt, zusammenkleben. Hierfür brauchst du etwas Geduld.

SIEGERPOKAL

DU BRAUCHST

- Fotokarton in Weiß, A3
- Glitzerfolie in Grün
- Pailletten in Grün
- Bunt- und Filzstifte in Gelb, Rot, Orange, Braun, Schwarz und Grau
- Bleistift
- dünner Filzstift in Schwarz
- Schere
- Cutter mit Schneideunterlage
- Falzbein oder dicke Stricknadel
- UHU Alleskleber Kraft

Download-Vorlagen

1 Übertrage mithilfe der Vorlagen die beiden Teile auf den Fotokarton und schneide sie aus. Mit dem Falzbein die gestrichelten Linien entlang fahren.

2 Male nun die Teile mit Filzstiften und Buntstiften an. Dabei an der Vorlage orientieren.

3 Klebe die grüne Folie ins Zentrum des Oberteils. Beide Hälften zusammenkleben und den Pokal mit den grünen Pailletten verzieren.

HER FUSSB
REINSPO

Welcher der drei Spieler schafft es bis zum Tor?

DES RÄTSELS LÖSUNG

Scanne den QR-Code, um dir die Lösungen der Rätsel anzuschauen.

FUSSBALL-QUIZ

Wie viele Getränkeflaschen sind auf dem Wimmelbild zu sehen?

Buchempfehlungen für dich

ISBN 978-3-7358-9143-3

ISBN 978-3-7358-9144-0

ISBN 978-3-73584-9150-1

ISBN 978-3-7358-9141-9

ISBN 978-3-7358-9095-5

ISBN 978-3-7358-9049-8

ISBN 978-3-7358-9045-0

ISBN 978-3-7358-9053-5

ISBN 978-3-73584-9050-4

ISBN 978-3-7358-9057-3

ISBN 978-3-7358-9059-7

ISBN 978-3-7358-9061-0

#TOPPPROJEKT

Die eigene Kreativität zeigen: TOPPprojekt mit anderen Kreativen teilen und Teil der Gemeinschaft werden.

DIY-begeistert und auf Instagram? Dann unbedingt mitmachen! Hier gibt's Tipps und Feedback zu den eigenen Projekten. Außerdem verlosen wir jeden Monat ein Überraschungspaket. Um am Gewinnspiel teilzunehmen, einfach ein Bild vom Kreativ-Projekt aus unseren Büchern mit #TOPPprojekt posten und unserem Account @frechverlag folgen. Mehr Infos auf TOPP-kreativ.de/TOPPprojekt

Website
Auf TOPP-kreativ.de kannst du ein riesiges Angebot von über 1.000 Kreativbüchern, Sets & mehr entdecken.

Newsletter
Gleich anmelden unter: TOPP-kreativ.de/newsletter und immer als Erstes von unseren Neuheiten und Sonderaktionen erfahren.

Instagram
@frechverlag

Pinterest
pinterest.com/frechverlag

Facebook
facebook.com/frechverlag

DigiBib
Hier findest du zusätzlich zu vielen unserer Bücher digitale Extras, wie Video-Tutorials, Plotter-Dateien, Vorlagen, Übungsblätter & vieles mehr. Einfach im Impressum deines TOPP-Buchs den Freischalte-Code nachschlagen und exklusive Inhalte freischalten. TOPP-kreativ.de/digibib

Youtube
youtube.com/frechverlag

Wer wir sind, wie wir arbeiten, was wir lieben ...

Auf Instagram, Facebook und Pinterest findest du mehr über uns und unsere Arbeit und wirst immer schnell und einfach mit den neuesten Infos versorgt.

Alle News, alle Infos und alle Links findest du auf www.TOPP-kreativ.de

AUTOR

Mein Name ist Wolfgang Peschke und ich lebe mit meiner Familie in der Nähe von Stuttgart. Seit mehr als drei Jahrzehnten arbeite ich als selbstständiger Illustrator und Grafik-Designer und habe über die Jahre eine Vielzahl von Spielen, Kinderbüchern, Zeitschriften und vieles mehr entwickelt und gestaltet. Meine Kreativität und mein handwerkliches Geschick brachten mich zu meiner ersten Ausbildung als Gestalter für visuelles Marketing und sind eine optimale Kombination für Bastelarbeiten mit verschiedensten Werkstoffen. Ich wünsche mir, dass ich mit meiner Arbeit inspirieren und Freude bereiten kann.

Service-Hotline

Hast du Fragen oder gibt es ein Problem? Wir helfen dir gern.
Ruf uns an oder schreib uns eine E-Mail:

Telefon: 0711 / 123 75 720*
*normale Telefongebühren

E-Mail: hilfe@frechverlag.de

Weitere Informationen zum Verlag und zu unserem gesamten Programm findest du unter: www.topp-kreativ.de

Digitale Bibliothek

Die Vorlagen zu diesem Buch stehen in deiner digitalen Bibliothek unter www.topp-kreativ.de/digibib zum Ausdrucken bereit. Der Freischalt-Code lautet: 59518

FOTOS: frechverlag GmbH, 70839 Gerlingen; lichtpunkt, Michael Ruder, Stuttgart
MODELLE UND ILLUSTRATIONEN: Wolfgang Peschke
LEKTORAT: Nele Thiemann
PRODUKTMANAGEMENT: Melissa Portz
COVER: Eva Hook
HERSTELLUNG UND LAYOUT: Jessica Siebert
SATZ: Die Buchmacher, Köln
DRUCK: BALTO print, Litauen

1. Auflage 2024

ISBN 978-3-7358-9142-6 • Best.-Nr. 29142

FSC www.fsc.org MIX Papier aus verantwortungsvollen Quellen FSC® C107574

Penguin Random House Verlagsgruppe FSC® N001967